3

Per informazioni sulle opere pubblicate
e in programma rivolgersi a:

Edizioni Terra Santa
Via Giovanni Gherardini, 5 - 20145, Milano
Tel. +39 02 34592679
Fax + 39 02 31801980
http://www.edizioniterrasanta.it
e-mail: editrice@edizioniterrasanta.it

Progetto grafico di Elisabetta Ostini

Finito di stampare nel maggio 2015
da GESP s.r.l. - Città di Castello (Pg)
per conto di Fondazione Terra Santa

ISBN 978-88-6240-346-7

Sua Santità

# BARTOLOMEO I

# Lo spirito della Terra

*Religione e ambiente, una sfida per l'oggi*

edizioni terra santa

# Introduzione

## Il patriarca Bartolomeo e la salvaguardia del creato

di Riccardo Burigana
*direttore del Centro Studi per l'Ecumenismo di Venezia*

La salvaguardia del creato è uno dei temi sui quali particolarmente significativo è stato il contributo del patriarca Bartolomeo nella prospettiva di un recupero della pluralità delle tradizioni del mondo ortodosso per l'approfondimento di una sempre più viva comunione e della crescita del dialogo ecumenico; e questo nella scoperta di quanto i cristiani fossero già uniti proprio su questo tema e di come fossero chiamati a una testimonianza veramente condivisa, aprendo così prospettive di dialogo con le altre religioni e con la società civile. Si è trattato di un contributo che ha caratterizzato l'azione del Patriarca fin dalla sua elezione (22 novembre 1991), con la pubblicazione di testi e iniziative pubbliche che hanno assunto una dimensione che è andata ben oltre i confini confessionali, tanto da far diventare il tema della salvaguardia del creato uno degli elementi fondamentali nella definizione di un'agenda di priorità ecologiche sulle quali è in corso un dibattito molto vivace, tra speranze, delusioni e forti contrapposizioni ideologiche, che coinvolge organizzazioni internazionali e comunità scientifica. Proprio per la sua denuncia dello sfruttamento indiscriminato delle risorse del pianeta e per le sue proposte ecologiche a favore di un rapporto nuovo tra l'umanità e il creato, al patriarca Bartolomeo è stato attribuito il soprannome di "Patriarca verde": questo aiuta a comprendere il ruolo assunto da Bartolomeo, anche se va osservato che questo appellativo non rende pienamente conto della valenza cristiana dei suoi interventi, ponendo l'accento – fin troppo – sui tanti riconoscimenti internazionali che gli sono stati attribuiti per il suo impegno ecologico, che in questi anni si è manifestato in molti modi ma sempre come parte integrante della missione della Chiesa.

I convegni itineranti sul valore dell'acqua nel presente e per il futuro del mondo – dal primo nel Mar Egeo (1995) a quello nel Mar Adriatico (2002) e nell'Oceano Artico (2007) –, così come i seminari internazionali dedicati all'educazione per la conoscenza e per il rispetto della creazione – da quello sul rapporto tra educazione religiosa e ambiente (1994) a quello su creazione e povertà (1998), fino al primo convegno internazionale tenuto ad Halki (2012), sulla necessità di un'azione mondiale di lunga durata nella lotta contro l'inquinamento – sono i segni più facilmente riconoscibili del grande lavoro che il patriarca Bartolomeo ha fatto per porre al centro dell'attenzione dell'universo cristiano un impegno quotidiano per la salvaguardia del creato; per il Patriarca si deve operare tenendo sempre presente che il creato è un «dono» che uomini e donne devono custodire per poterlo consegnare ai loro figli in uno spirito di fedeltà a quanto dice la Parola di Dio riguardo alla creazione in tutte le sue articolazioni. La Parola di Dio e i commenti che nel corso dei secoli cristiani di tradizioni diverse hanno fatto alle tante pagine dedicate proprio al dono della creazione e alla sua trasmissione, sono stati un costante punto di riferimento nell'opera di Bartolomeo; nella sua riflessione un posto privilegiato è stato riservato alla centralità del tema della creazione nella teologia, nella liturgia, nell'iconografia e nella spiritualità delle Chiese ortodosse. Proprio il continuo richiamo a questo patrimonio teologico e spirituale è stato uno degli elementi peculiari degli interventi del Patriarca per la salvaguardia del creato: più volte egli ha invitato a riscoprire e a condividere questo patrimonio per promuovere una rinnovata comunione nel mondo ortodosso, proprio mentre esso viveva una stagione di cambiamenti e di tensioni, in parte legati ai nuovi assetti politici nell'Europa orientale; al tempo stesso, con questo invito il Patriarca ha voluto tracciare una strada privilegiata per approfondire un cammino ecumenico che si radicasse sempre più sull'ascolto e sulla lettura della Parola di Dio da annunciare in tutti i contesti dove i cristiani possono e devono giocare un ruolo vitale nel definire la società del XXI secolo.

Proprio il radicamento nella Parola di Dio può essere indicato come un primo elemento nella riflessione del patriarca Bartolomeo per la salvaguardia del creato, per la quale i cristiani sono chiamati a operare dal momento che essa è così chiaramente indicata in tanti passi delle Sacre Scritture; dalla Parola di Dio si deve trovare la forza per denunciare i tentativi di pensare il creato come qualcosa che appartiene solo al presente tanto da essere sottoposto a ogni tipo di violenza, mentre invece ha un passato e soprattutto un futuro e quindi non va né sfruttato né distrutto ma custodito. La lettura della Parola di Dio deve guidare i cristiani a non circoscrivere il proprio impegno nella salvaguardia del creato a una dimensione puramente materiale, che pure è necessaria ma non esaustiva; infatti nella custodia e nella trasmissione di questo patrimonio i cristiani devono leggere l'amore di Dio per il mondo, così come è stato fatto nel corso dei secoli da tanti cristiani, i quali hanno riflettuto sul dono della creazione in termini spirituali. Per Bartolomeo la condivisione della dimensione spirituale, che si fonda sulla riscoperta di tanti autori (in particolare di alcuni padri orientali, come Cirillo di Gerusalemme e Gregorio di Nissa, solo per fare due nomi), guida i cristiani del XXI secolo a elaborare una proposta che mostri come all'etica cristiana debba essere riservato un ruolo non marginale, ma attivo e propositivo nel costruire il domani del mondo, da fondarsi sui valori cristiani. Per questo la riflessione sulla salvaguardia del creato prende le mosse dalla denuncia e dalla condanna di ogni forma di violenza nei confronti delle creature per formulare in termini positivi e biblici una prospettiva nuova; in questa formulazione i cristiani devono sapere di non essere mai soli grazie alla presenza del Signore, tanto che il Patriarca, anche là dove è chiamato a parlare di questi temi in istituzioni che rivendicano la loro laicità come un valore assoluto, sottolinea l'importanza della preghiera nel comprendere le strade da percorrere per vivere l'armonia della creazione. La preghiera, ispirata e guidata dalla tradizione ortodossa, deve essere arricchita da una dimensione ecumenica, aperta alla partecipazione di tutto coloro che si sono posti ai piedi della croce e qui vivono nella continua e comune scoperta che proprio l'abbandonarsi alla volontà del Signore aiuta a comprendere come si possa vivere il dono della creazione alla luce di una tradizione tanto antica quanto viva: per Bartolomeo la tradizione ortodossa è così chiamata a testimoniare la dimensione etica, alimentata dalla liturgia eucaristica, per denunciare e correggere uno stile di vita tanto consumistico quanto lontano dal modello biblico e dalle origini del cristianesimo.

Il Patriarca ha così approfondito e sviluppato quanto stabilito dal suo predecessore, contribuendo, con il suo carisma e le sue intuizioni, a rendere questa riflessione sempre più ecumenica grazie al richiamo alla Parola di Dio, alla tradizione cristiana e al dibattito contemporaneo, oltre che a un confronto con le istanze che erano venute maturando proprio all'interno del movimento ecumenico. Infatti, anche se non è facile indicare un momento nel quale il tema della salvaguardia del creato ha assunto una sua autonomia all'interno del movimento ecumenico contemporaneo (nel quale compare, sotto varie forme, fin dai suoi primi passi, spesso declinato insieme a giustizia e pace), è indubbio che la VI Assemblea generale del Consiglio Ecumenico delle Chiese a Vancouver (1983) e la I Assemblea Ecumenica Europea a Basilea (1989) rappresentano due passaggi particolarmente significativi (a livello universale ed europeo) nella definizione di un nuovo approccio ecumenico al tema della salvaguardia del creato. Proprio a partire da tali due incontri, quest'ultima entra nell'agenda del cammino ecumenico con una sua specificità, tanto da dare origine, in molti luoghi e in molte forme, a una molteplicità di iniziative che hanno coinvolto sempre più non solo i cristiani, ma anche le altre religioni e, talvolta, anche ambienti laici. In questo quadro tanto articolato e in piena evoluzione, oltre ai progetti promossi dal Consiglio Ecumenico delle Chiese, in particolare il cammino quaresimale sull'acqua, va ricordata la decisione assunta nella III Assemblea Ecumenica Europea a Sibiu (2007) di dedicare un tempo dell'anno proprio alla salvaguardia del creato, a partire dal 1° settembre, ormai ampiamente riconosciuta come una data condivisa del calendario ecumenico, soprattutto grazie ai gesti e alle parole del patriarca Bartolomeo.

Sempre nella prospettiva ecumenica, il Patriarca ha saputo costruire con la Chiesa cattolica un percorso condiviso per un impegno comune in questo ambito. Di tale percorso, oltre alle numerose iniziative a livello locale che hanno visto la partecipazione del Patriarca, si devono ricordare gli incontri con Giovanni Paolo II prima e con Benedetto XVI poi. Con il primo, particolare importanza assume la *Dichiarazione comune* (sottoscritta a Venezia e a Roma, il 10 giugno 2002) nella quale si esprime la preoccupazione per le condizioni «causate dalla degradazione di basilari risorse naturali come l'acqua, l'aria e la terra, e derivanti da un progresso economico e tecnologico incapace di riconoscere i suoi limiti e di tenerne conto». Proprio per questa condizione di degrado appare quanto mai necessario riaffermare l'impegno dei cristiani a «essere servitori», chiamati a collaborare con Dio affinché veglino in santità e con saggezza sulla creazione, nonostante la rottura dell'armonia della creazione che è avvenuta con il peccato originale; di fronte agli attacchi contro la creazione dei tempi presenti Giovanni Paolo II e Bartolomeo indicano degli «obiettivi etici» da perseguire nella prospettiva della salvaguardia del creato, quali una maggiore attenzione alle conseguenze future delle scelte economiche, al rapporto tra scienza/tecnologia e centralità della persona umana, alla solidarietà nella condivisione delle risorse naturali, solo per citarne alcuni. Il 30 novembre 2006, al Fanar[1], il patriarca Bartolomeo e Benedet-

---

[1] Storico quartiere di Istanbul dove ha sede ufficiale il Patriarcato ecumenico di Costantinopoli; per estensione, indica la stessa sede patriarcale (*ndr*).

to XVI hanno sottoscritto una *Dichiarazione comune* nella quale trova spazio una riflessione sulla salvaguardia del creato: le due guide spirituali hanno riconosciuto come «uno dei nostri doveri incoraggiare e sostenere gli sforzi compiuti per proteggere la creazione di Dio e per lasciare alle generazioni future una terra sulla quale potranno vivere», confermando così una prospettiva comune che si ritrova in altri documenti degli anni del pontificato di Benedetto XVI.

Con papa Francesco anche su questo tema si deve riconoscere una profonda sintonia che, se non è una novità (alla luce proprio dei testi sottoscritti e degli incontri con i suoi due predecessori), assume una valenza del tutto nuova, anche alla luce dell'«amicizia fraterna» che Francesco e Bartolomeo hanno manifestato fin dal loro primo incontro, quando «Pietro» aveva ringraziato «Andrea» per le sue parole, il 20 marzo 2013. Prima di affrontare un testo nel quale emerge questa sintonia, va ricordato che papa Francesco è tornato più volte sull'importanza di un'azione concreta e quotidiana da parte delle comunità locali nell'annuncio e nella testimonianza della Buona Novella, come si può leggere tra l'altro nell'esortazione apostolica *Evangelii Gaudium*; qui, nel IV capitolo ("La dimensione sociale dell'evangelizzazione"), il Pontefice dice che «piccoli ma forti nell'amore di Dio, come san Francesco d'Assisi, tutti i cristiani siamo chiamati a prenderci cura della fragilità del popolo e del mondo in cui viviamo» (n. 216). Insieme, a Gerusalemme, il 25 maggio 2014, nella *Dichiarazione comune* firmata nel giorno della storica preghiera ecumenica nella Basilica del Santo Sepolcro, Francesco e Bartolomeo affermano: «Siamo profondamente convinti che il futuro della famiglia umana dipende anche da come sapremo custodire, in modo saggio ed amorevole, con giustizia ed equità, il dono della creazione affidatoci da Dio. Riconosciamo dunque pentiti l'ingiusto sfruttamento del nostro pianeta, che costituisce un peccato davanti agli occhi di Dio. Ribadiamo la nostra responsabilità e il dovere di alimentare un senso di umiltà e moderazione, perché tutti sentano la necessità di rispettare la creazione e salvaguardarla con cura. Insieme, affermiamo il nostro impegno a risvegliare le coscienze nei confronti della custodia del creato; facciamo appello a tutti gli uomini e donne di buona volontà a cercare i modi in cui vivere con minore spreco e maggiore sobrietà, manifestando minore avidità e maggiore generosità per la protezione del mondo di Dio e per il bene del suo popolo».

Infine, volgendo lo sguardo all'Italia, si deve ricordare che nel 2006 la Conferenza Episcopale Italiana ha istituito una Giornata nazionale per la salvaguardia del creato, il 1° settembre; questa Giornata, per la quale ogni anno viene proposto un tema in un messaggio co-firmato dalla Commissione per l'ecumenismo e il dialogo interreligioso e dalla Commissione per i problemi sociali e il lavoro, la giustizia e la pace della CEI, deve tanto alle parole e ai gesti del patriarca Bartolomeo. Egli conosce bene l'Italia per avervi studiato, per esservi stato tante volte invitato a testimoniare la sua passione per l'unità e per aver accolto fraternamente al Fanar vescovi, sacerdoti, monaci e pellegrini italiani, che sono andati da lui per ringraziare il Signore per la gioia di condividere un cammino ecumenico, dopo secoli di silenzio e di pregiudizi reciproci: l'impegno per la salvaguardia del creato, che già rende i cristiani uniti, fa parte a pieno titolo di quel cammino ecumenico per il quale «siamo pronti a cercare insieme, alla luce dell'insegnamento della Scrittura e della esperienza del primo millennio, le modalità con le quali garantire la necessaria unità della Chiesa nelle attuali circostanze», come ha ricordato papa Francesco in occasione della divina liturgia al Fanar, il 30 novembre 2014.

## Bartolomeo I

Il patriarca Bartolomeo nasce il 29 febbraio 1940 in Turchia, nell'isola di Imbro; il suo nome è Dimitrios Arhondonis. Dopo i primi studi a Imbro e a Istanbul, entra nel seminario di Halki, dove conclude la sua formazione teologica nel 1961, quando la scuola era ancora aperta e funzionante (prima che il governo turco la chiudesse). Nello stesso anno, il 13 agosto, riceve il diaconato, assumendo il nome ecclesiastico di Bartolomeo. Nel 1963 inizia un periodo di studio all'estero: a Roma, presso il Pontificio Istituto Orientale, a Bossey presso l'Istituto Ecumenico, e a Monaco di Baviera, presso la Facoltà di Diritto canonico; a Roma consegue il dottorato con una tesi sulla codificazione dei canoni e dei decreti canonici nella Chiesa ortodossa, presso la Pontificia Università Gregoriana. Sono anni che, come ama spesso ricordare lo stesso Patriarca, costituiscono un passaggio fondamentale nella sua vita per le conoscenze teologiche acquisite, ma anche per le amicizie ecumeniche che stringe. Proprio la sua partecipazione al movimento ecumenico fa sì che egli rappresenti il Patriarcato ecumenico nelle Assemblee Generali del Consiglio Ecumenico delle Chiese a Uppsala (1968), a Vancouver (1983) e a Canberra (1991); entra a far parte della Commissione Fede e Costituzione, della quale diventa vice-presidente. Conclusa la stagione degli studi fuori dalla Turchia, al suo ritorno a Istanbul viene nominato vice-rettore della Facoltà di Teologia di Halki e il 19 ottobre 1969 viene ordinato presbitero, iniziando una collaborazione sempre più stretta con il Patriarca (prima con Atenagora e poi, soprattutto, con Demetrio, fin dalla sua elezione nel 1972). Nel 1973 è ordinato Metropolita di Filadelfia: dal marzo del 1974 entra a far parte del Sacro Sinodo, dove assume rapidamente un ruolo di primo piano anche per la fiducia che in lui ripone il patriarca Demetrio. Il 14 gennaio 1990 viene eletto Metropolita di Calcedonia. Alla morte di Demetrio I, il 22 ottobre 1991, viene scelto quale 270° Arcivescovo di Costantinopoli, Nuova Roma e Patriarca Ecumenico: il 2 novembre viene intronizzato nella cattedrale patriarcale al Fanar. Da allora il suo impegno si è dispiegato in varie direzioni; innanzitutto ha voluto promuovere, anche alla luce della nuova situazione geopolitica dell'Europa orientale, con il dissolvimento dell'impero sovietico e la sanguinosa guerra civile nella ex-Jugoslavia, una sempre più profonda comunione tra le Chiese ortodosse, riaffermando il tradizionale ruolo del Patriarcato di Costantinopoli (anche se questo ha provocato tensioni all'interno del mondo ortodosso, soprattutto, ma non solo, con il Patriarcato di Mosca). In questa prospettiva, continuo è stato il suo appello alla necessità di giungere alla celebrazione di un Sinodo pan-ortodosso, che è stato annunciato per il 2016, dopo anni di discussioni e di rinvii. Il suo impegno per una sempre più profonda comunione è andato oltre i confini del mondo ortodosso, come mostrano i suoi numerosi incontri con i rappresentanti delle Chiese cristiane e delle organizzazioni ecumeniche; con la Chiesa cattolica si è venuto sviluppando un dialogo che non può essere circoscritto agli aspetti ufficiali, tanto più dopo l'elezione di papa Francesco (anche se non erano mancati incontri con Giovanni Paolo II e Benedetto XVI), con la creazione di una tradizione viva di dialogo nella fraternità e il desiderio di superare le divisioni, come mostrano le dichiarazioni comuni sottoscritte da Bartolomeo e dai pontefici. Nell'ambito del dialogo ecumenico si può collocare anche la sua azione a favore della salvaguardia del creato, dal momento che le radici del suo impegno si trovano proprio nella tradizione cristiana e rappresentano, come ha spesso ricordato, una fonte preziosa per comprendere cosa i cristiani devono fare insieme per vivere l'unità della Chiesa nel mondo. Proprio questo suo impegno a favore della tutela del creato ne ha fatto una figura particolarmente popolare in tutto il mondo, tanto che gli è stato attribuito il soprannome di "Patriarca verde". Bartolomeo ha cercato anche di costruire un rapporto di dialogo con la società turca, invocando il pieno rispetto della libertà religiosa, minacciata, in varie occasioni e in molti modi, dal governo di Ankara; la battaglia per la libertà religiosa è diventata una delle priorità nei suoi interventi non solo in Turchia ma nei molti viaggi che lo hanno portato a visitare le comunità ortodosse della diaspora e a incontrarsi con le istituzioni internazionali, soprattutto in Europa, prendendo parte al dibattito sulla costruzione dell'unità europea. Per il suo impegno a favore dell'unità della Chiesa, della salvaguardia del creato e della libertà religiosa, nel corso degli anni Bartolomeo ha ricevuto numerosi dottorati *honoris causa*, non solo in ambito ortodosso; infatti, accanto a quelli dell'Accademia Teologica di Mosca e degli istituti Saint-Serge e Catholique di Parigi, si possono ricordare quelli ricevuti dalla Georgetown University (USA), dalla Adamson University di Manila e dalla City University di Londra, solo per citarne alcuni, mentre è stato annunciato il desiderio dell'Istituto Sophia di Loppiano (Fi) di concedergli la laurea *honoris causa* in un prossimo futuro.

### Per approfondire

Gli interventi del patriarca Bartolomeo sulla salvaguardia del creato si possono leggere in: P. Chiaranz, *Le omelie sulla salvaguardia del creato di SS. il Patriarca ecumenico Bartolomeo I nel quadro della tradizione patristico-ortodossa e in rapporto al contesto ecumenico*, Venezia 2014; questo volume, che contiene un'ampia e dettagliata bibliografia (pp. 443-486), può essere considerata un'integrazione di un testo precedente a cura di fr. John Chryssavgis e con premessa di mons. Vincenzo Paglia: *Grazia cosmica, umile preghiera. La visione ecologica del patriarca ecumenico di Costantinopoli Bartolomeo I*, Firenze 2007.

Per alcuni interventi del Patriarca in traduzione italiana, cfr. Bartholomeos I, *Incontro al mistero*, Magnano (Bi) 2013 e Id., *La via del dialogo e della pace*, Magnano (Bi) 2014.

Delle molte visite di Bartolomeo in Italia ne segnaliamo una, non solo tra le più recenti ma anche tra le più significative per i contenuti degli interventi e l'occasione: la celebrazione del 1700° anniversario dell'Editto di Milano nel 2013 (cfr. Bartolomeo, A. Scola, *Chiese in dialogo. Per la vita buona delle nostre città*, Milano 2013).

Nella vasta letteratura sul Patriarca richiamiamo solo due contributi, editi in Italia; il primo è una delle prime interviste concesse da Bartolomeo, appena eletto: A. Filippi, F. Strazzari (a cura di), "Intervista a sua santità Bartolomeo I, arcivescovo di Costantinopoli e patriarca ecumenico", in *Il Regno Attualità*, 37/2 (1992), pp. 11-13; il secondo

è una recente e interessante lettura del suo afflato ecumenico: C. Pertusati, "Verso il Terzo Concilio di Nicea? La proposta del Patriarca Ecumenico Bartolomeo I di una convocazione ecumenica nel 2025", in *Colloquia Mediterranea*, 4 (2014), pp. 207-232.
Infine, per una conoscenza diretta dei suoi interventi si può consultare la pagina web del Patriarcato ecumenico di Costantinopoli: https://www.patriarchate.org
Alcuni di essi, in traduzione italiana, sono disponibili anche nella pagina web della Sacra Arcidiocesi ortodossa d'Italia e Malta: https://www.ortodossia.it

# Religione e ambiente, quali sfide spirituali per l'oggi?

Sua Santità Bartolomeo I, Patriarca Ecumenico
Institut Catholique di Parigi
30 gennaio 2014

Eminenze,
Caro cardinale André Vingt-Trois, arcivescovo di Parigi,
Eccellenze,
Monsignor Philippe Bordeyne, rettore dell'Institut Catholique di Parigi,
Signore e Signori professori,
Signore e Signori,

È un grande onore quello che l'Institut Catholique di Parigi fa questa sera alla nostra umile persona insignendoci del dottorato *honoris causa*. Ne siamo profondamente riconoscenti. Vi scorgiamo un omaggio al Trono ecumenico, alla Grande Chiesa del Cristo, per le iniziative messe in atto da circa un quarto di secolo in favore della protezione del creato, da quando il nostro predecessore, il patriarca ecumenico Dimitrios, indirizzò, il 1° settembre 1989, la prima lettera enciclica a tutte le Chiese ortodosse del mondo, con la quale istituiva il primo giorno dell'anno ecclesiastico ortodosso come giornata di preghiera per la protezione e la conservazione dell'ambiente naturale. Questa iniziativa fu in seguito ripresa anche dalla Conferenza delle Chiese d'Europa e dal Consiglio Ecumenico delle Chiese. Da allora abbiamo cercato di svegliare il mondo riguardo alla distruzione irreversibile che oggi minaccia il nostro pianeta.

La nostra Chiesa ha intrapreso molteplici iniziative in materia di ambiente. Ha creato una Commissione religiosa e scientifica nel 1995, la quale ha organizzato congressi scientifici e teologici sulla preservazione dei fiumi e dei mari: nel Mar Egeo (1995), nel Mar Nero (1997), lungo il Danubio (1999), nel Mar Adriatico (2002), nel Mar Baltico (2003), sul Rio delle Amazzoni (2006), nell'Oceano Artico (2007), sul Mississippi (2009). Preliminarmente a questi congressi, cinque seminari si sono svolti nella nostra Facoltà teologica ad Halki, chiusa, purtroppo, a partire dagli anni Settanta del secolo scorso per una infondata decisione delle autorità turche[1]. Quei seminari

[1] L'Istituto Teologico di Halki è la scuola d'insegnamento superiore del Patriarcato di Costantinopoli, destinata alla formazione del clero ortodosso. Situato sull'isola omonima nel Mar di Marmara, è stato chiuso nel 1971 dal governo turco a seguito di un provvedimento di legge sugli istituti accademici privati. Da allora, il Patriarcato si batte per la sua riapertura (*ndr*).

si sono concentrati sull'importanza dell'educazione ecologica e della coscienza ambientale, esaminando le questioni dell'educazione religiosa (1994), l'etica (1995), la società (1996), la giustizia (1997) e la povertà (1998) con un approccio ecumenico, interreligioso e interdisciplinare. È in questo modo che il Patriarcato ecumenico vuole contribuire alla preservazione del mondo che ci circonda. Più di recente, abbiamo lanciato una serie di vertici internazionali ad Halki. Il primo si è occupato di responsabilità mondiale e ambiente durevole (2012). Un secondo vertice si svolgerà nel 2015 sul tema "ecologia e arte".

"Ciò che ci circonda" è precisamente il senso del vocabolo francese *environnement* (ambiente) che compare nel titolo del nostro intervento di questa sera. Esso presuppone che tutti noi siamo circondati da qualcosa. In effetti, sin dalla nostra nascita, ci stanno intorno uomini e donne che ci educano e ci fanno crescere. Ma siamo anche circondati dalla terra e dall'aria, dal sole e dal mare, dalla fauna e dalla flora. Materiale o spirituale che sia, questo ambiente resta un fattore determinante per la nostra esistenza perché influenza il nostro comportamento. Ma al pari dell'ambiente, anche la religione è un fattore determinante che modella la condotta di ogni individuo. La religione può anche provocare movimenti di massa in favore di buone cause. Per questo non è affatto privo di significato soffermarci questa sera sul tema della religione e dell'ambiente.

Agli occhi di certi ecologisti, l'uomo è classificato nell'ecosistema naturale sullo stesso piano degli altri animali. Un tale approccio si oppone alla visione antropocentrica giudeo-cristiana e si spiega sia con un rifiuto di Dio e della prospettiva di divinizzazione dell'uomo, sia con una cattiva interpretazione del comandamento dato all'uomo di dominare il mondo, che può condurre a uno sfruttamento distruttivo delle risorse naturali.

Nella teologia cristiana ci sembra importante distinguere gli esseri umani dal resto della creazione, così da riconoscere il posto e la responsabilità unica che l'uomo ha ricevuto in seno al creato in rapporto al Creatore. Questa distinzione non è nuova, perché già nel IV secolo san Gregorio il Teologo, più noto in Occidente come Gregorio Nazianzeno, considerava l'uomo come un anello di congiunzione tra la creazione e il Creatore, tra il mondo materiale e il mondo spirituale.

In questa prospettiva antropocentrica che proviene dalla Rivelazione divina così come è trasmessa dalle Scritture giudaico-cristiane, l'uomo è considerato come l'amministratore della creazione. È all'uomo che Dio ha affidato la responsabilità di essere "l'economo" (*oikonomos*) della creazione: anzitutto a partire dal comandamento divino di «coltivare e custodire la terra» (Gn 2,15), e poi in ossequio all'esortazione evangelica di agire come «amministratori fedeli e prudenti» di questo mondo (Lc 12,42). Così, per la tradizione cristiana, l'ambiente naturale non è una miniera di risorse destinate ad essere sfruttate dall'uomo in maniera egoistica ed egocentrica, per il suo proprio godimento, ma una creazione chiamata ad essere in comunione con il suo Creatore grazie all'intermediazione dell'uomo che ne è il custode. Bisogna prenderne lucidamente coscienza, così da capire che la crisi ambientale che affligge il mondo oggi – come d'altronde tutte le altre crisi, di carattere economico, finanziario o morale – è innanzitutto una crisi spirituale.

Tocchiamo qui la specificità della spiritualità cristiana che dovrebbe contraddistinguere il nostro atteggiamento cristiano da quello dei movimenti ecologisti contemporanei di fronte alla crisi ambientale. La differenza non sta tanto nel grado di desiderio di preservazione e di protezione delle risorse naturali del pianeta, che dovrebbe essere la priorità di tutti gli uomini, siano essi leader politici o semplici cittadini. La differenza – o la specificità cristiana – sta nella nostra concezione del mondo e non tanto in una diversità di scopi. La concezione dell'uomo come "economo" e "sacerdote" della creazione è segnata da un senso profondo di giustizia e di moderazione. Siamo quindi chiamati a preservare la creazione servendo il suo Creatore.

Da tutto ciò derivano le sfide spirituali che la crisi ambientale oggi ci presenta. Ci soffermeremo questa sera su quattro problemi cruciali: lo sfruttamento eccessivo delle risorse naturali, il consumismo, lo spreco e l'inquinamento. Li affronteremo da un punto di vista spirituale evocando la sacramentalità del mondo, l'approccio eucaristico, l'*ethos* ascetico e lo spirito di solidarietà che derivano dalla nostra fede cristiana.

## LA NATURA È IMPRONTA DI DIO

L'ambiente naturale non deve mai essere considerato in senso stretto, ma in una prospettiva molto più ampia. Una visione spirituale del mondo materiale lo concepisce sempre in relazione con il Creatore, e ciò non è privo di conseguenze per la nostra percezione cristiana di problemi ambientali quali la minaccia della sovrapesca oceanica, la desertificazione, il danneggiamento delle barriere coralline, o la distruzione della fauna e della flora. Questa visione spirituale del mondo ci detta il rispetto della creazione di Dio, poiché il nostro rapporto con le cose materiali riflette necessariamente il nostro rapporto con Dio. La nostra sensibilità spirituale rispetto alla creazione materiale riflette chiaramente la sacralità che riserviamo alle cose celesti.

Purtroppo, nella teologia che si insegna nelle nostre scuole, siamo portati a considerare i sacramenti in senso stretto, riducendoli a rituali religiosi comunitari. In questa epoca di crisi ambientale, è indispensabile estendere il principio sacramentale al mondo intero così da riconoscere che nulla nella vita è secolare e profano. Tutti noi professiamo nel Credo che ogni cosa è stata creata da Dio. Ciò implica che tutto è nelle Sue mani, che la creazione è la semente di Dio, e che quindi il nostro ambiente naturale reca l'impronta di Dio. Chiaramente questa non è affatto una visione panteistica del mondo, perché non si tratta di concepire la creazione come divina, di considerare che tutto è dio e che dio è tutto, e con ciò rendere culto alla natura. Nel cristianesimo esiste una distinzione chiara e netta tra la creazione e il Creatore. Si tratta piuttosto di un approccio che potremmo definire panenteista, che consiste nel vedere Dio in ogni cosa e tutte le cose in Dio. Riconoscere ciò non è scontato quando gli uomini hanno una concezione tecnica del mondo e lo considerano unicamente sotto il profilo della soddisfazione dei loro desideri avidi e non nella prospettiva della contemplazione del mistero di Dio.

Una visione sacramentale del mondo ci rivela l'intimità di Dio e della creazione, intimità che è andata perduta a causa del peccato. Un simile approccio ci permette di concepire il mondo e la vita come qualcosa di misterioso o di sacramentale, poiché il mistero risiede precisamente nell'incontro dell'umanità e della creazione con il Dio creatore. Se la Terra è sacra, allora la nostra relazione con l'ambiente naturale deve essere mistica e sacramentale, cioè capace di riconoscere in esso la semente e la traccia di Dio. Non dobbiamo utilizzarlo in maniera egoista abusando delle risorse naturali. Potremmo dire che il "peccato di Adamo" è consistito nel rifiutare l'ambiente naturale come dono di comunione tra Dio e le sue creature, nel non scorgervi che un oggetto da sfruttare per la soddisfazione di desideri incontrollati.

È precisamente questa la visione sacramentale del mondo di cui parlava sant'Isacco il Siriano, un mistico del VII secolo, quando considerava come fine della vita spirituale l'acquisizione «di un cuore misericordioso che brucia d'amore per la creazione intera… per tutte le creature di Dio». È questa stessa visione che permette al grande scrittore russo Fëdor Dostoevskij di affermare ne *I fratelli Karamàzov*: «Ama la creazione di Dio tutta intera, ogni granello di sabbia. Ama ogni foglia, ogni raggio della luce di Dio. Ama gli animali, ama le piante, ama tutto. Se ami tutto, percepirai il mistero divino nelle cose».

Questa visione della creazione alimentata dalla nostra esperienza liturgica ci permette di concepire la questione ambientale in maniera nuova e di formulare una risposta appropriata, riconoscendo il dono della creazione che implica un utilizzo responsabile e adeguato del mondo creato. Questa visione sacramentale del mondo, questo confessare che il mondo è un dono di incontro e di riconciliazione con il nostro pianeta, ci obbliga a considerare i problemi dell'ambiente con serietà. L'aria che respiriamo, così come il mare e gli oceani che ci circondano sono per noi la fonte della vita biologica. Se vengono sporcati o inquinati, la nostra esistenza è minacciata. Di conseguenza il degrado e la distruzione dell'ambiente sono una forma di suicidio dell'umanità. Sembrerebbe che siamo inesorabilmente intrappolati da modi di vita e da sistemi che non cessano di ignorare i limiti imposti dalla natura, che non possiamo assolutamente negare o sottostimare. Non dovremmo aspettare di aver raggiunto un punto di non ritorno per prendere coscienza delle capacità limitate del nostro pianeta.

In quanto dono di Dio all'umanità, la creazione diviene una compagna donataci per vivere in armonia e in comunione con essa e con gli altri. Dobbiamo attingere alle sue risorse con moderazione e frugalità, coltivarle con amore e umiltà, proteggerle secondo il comandamento scritturistico di «servire e custodire» (cfr. Gn 2,15). In un ambiente naturale incorrotto, l'umanità scopre pace profonda e riposo spirituale. E dentro un'umanità coltivata spiritualmente dalla grazia pacificante di Dio, la natura riconosce il suo posto armonioso e legittimo.

Per rimediare all'eccessivo sfruttamento delle risorse naturali che minaccia il nostro pianeta e lo inquina, la visione sacramentale della creazione invita l'uomo a tornare a un modo di vita "eucaristico" e "ascetico", che significa essere riconoscenti, rendere grazie a Dio per il dono della creazione in qualità di amministratori rispettosi e responsabili.

## UN DONO DI MERAVIGLIA E BELLEZZA

Coltivando uno "spirito eucaristico", la spiritualità della Chiesa ortodossa sottolinea che il mondo creato non è un nostro possesso, ma un dono di Dio Creatore, un dono di meraviglia e bellezza. La risposta appropriata per l'uomo che riceve un tale dono è di accettarlo e abbracciarlo con gratitudine e azione di grazie. L'azione di grazie sottolinea la visione sacramentale del mondo. Dalla creazione, questo mondo è stato offerto da Dio come un dono che dev'essere trasformato e restituito con riconoscenza. Per questa ragione la spiritualità ortodossa rifiuta la dominazione del mondo da parte dell'umanità. Perché se questo mondo è un mistero sacro, allora dev'essere preservato da ogni tentativo di dominazione da parte degli uomini.

Lo sfruttamento abusivo delle risorse della Terra non è che la ripetizione del "peccato originale" di Adamo e non corrisponde affatto all'attitudine eucaristica che dobbiamo nutrire di fronte a questo meraviglioso dono divino. Tutto ciò è il risultato dell'egoismo e dell'avidità che nasce dall'allontanamento da Dio e dall'abbandono di una visione sacramentale del mondo. È il peccato dell'uomo che ha introdotto la distinzione tra sacro e profano, e che ha relegato quest'ultimo al dominio del male e l'ha lasciato in preda allo sfruttamento.

Lo sfruttamento senza limiti delle risorse naturali conduce al consumismo che è caratteristico del nostro mondo contemporaneo, che si trasforma così in una società avida. Esso infatti non consiste nel soddisfare i bisogni vitali dell'uomo, ma desideri che aumentano a dismisura e senza fine, coltivati dalla nostra società dei consumi che fa della ricchezza un idolo e promuove l'acquisto e l'accumulazione di beni. Lo sfruttamento delle ricchezze naturali che deriva dall'avarizia e dalla cupidigia, e non dai bisogni vitali, crea uno squilibrio nella natura che non riuscirà più a sanarsi, come testimoniano i problemi causati dalla sovrapesca, dalla sovrapproduzione agricola, dalla deforestazione e dalla desertificazione. Un tale sovrasfruttamento delle risorse naturali non solo riflette una mancanza di intelligenza, ma rappresenta anche un serio problema etico. Davanti a una simile attitudine egoista, la religione non può tacere e astenersi dal richiamare le verità eterne e dal lanciare l'allarme agli altri membri della società riguardo ai pericoli che si corrono.

Dimentichiamo troppo spesso che l'uomo non è soltanto un essere logico o politico, ma che è anzitutto una creatura eucaristica, capace di gratitudine e dotata del potere di benedire Dio per il dono della creazione. Uno spirito eucaristico implica dunque l'utilizzo delle risorse naturali del mondo con spirito di riconoscenza, offrendole in ritorno a Dio. In verità, insieme alle risorse della terra, noi dobbiamo offrire a Lui anche noi stessi. Nella Chiesa ortodossa, al momento della preghiera eucaristica, il sacerdote dice: «Ciò che è Tuo, e Ti appartiene, noi Te lo offriamo, in tutto e per tutto». Nel sacramento dell'eucaristia, noi restituiamo a Dio quello che è suo: gli offriamo il pane e il vino, che sono la trasformazione, tramite il lavoro dell'uomo, del grano e dell'uva che il Creatore ci ha donato. In cambio, Dio trasforma il pane e il vino nel mistero della comunione eucaristica. L'offerta eucaristica è un bell'esempio di offerta sinergica in cui l'uomo collabora in maniera costruttiva, e non distruttiva, con la volontà di Dio. Far fruttificare in modo costruttivo, e non distruttivo, i doni di Dio dev'essere l'atteggiamento dell'uomo rispetto all'ambiente naturale.

# QUELL'AMORE CHE PROTEGGE IL MONDO

Questo spirito eucaristico coltiva in noi uno spirito ascetico. La spiritualità ortodossa ci insegna a vivere in armonia con il nostro ambiente e a preservarlo riducendo il nostro consumismo con la moderazione e l'astinenza, oltre che con la pratica del digiuno e di altre simili discipline spirituali. La spiritualità ortodossa ci ricorda che tutto ciò che possediamo è un dono di Dio. Questi doni ci sono concessi per soddisfare i nostri bisogni, a condizione che siano condivisi equamente tra tutti gli uomini. Non è bene perciò abusarne, né sprecarli solo perché nutriamo il desiderio di consumare e abbiamo i mezzi materiali per farlo.

L'*ethos* ascetico ci impone di proteggere il dono della creazione e di preservare la natura intatta. È la lotta per la moderazione e la padronanza di sé, per giungere a non consumare qualsiasi bene in modo impulsivo, ma a manifestare invece un senso di frugalità e d'astinenza da alcuni beni. La protezione e la moderazione sono entrambe espressioni di un amore verso l'umanità tutta intera e verso l'insieme dalla creazione naturale. Solo un amore simile può proteggere il mondo da uno spreco inutile e da una distruzione inevitabile.

La pratica del digiuno, nella vita spirituale della Chiesa ortodossa, è un altro modo di raccordare il cielo con la terra. È un modo per riconoscere i risultati catastrofici di una falsa spiritualità che ha percorso una strada sbagliata. I primi asceti avevano grande stima del digiuno, così pure i monaci contemporanei. Ai nostri giorni ancora, i cristiani laici ortodossi si sforzano di seguire le esigenze del digiuno, astenendosi dai latticini e dalla carne per quasi metà dell'anno. Purtroppo, col passare dei secoli, il concetto di digiuno e di astinenza ha perso significato, o quanto meno la sua connotazione positiva. Ai nostri giorni se ne parla in senso negativo fino a rappresentare l'opposto di una dieta sana e di un equilibrato coinvolgimento nel mondo. Nella Chiesa primitiva, digiunare voleva dire non permettere ai valori di questo mondo o all'egocentrismo di allontanarci da ciò che è più essenziale nella nostra relazione con Dio, con gli altri, con il mondo.

Il digiuno implica un senso di libertà. Il digiuno è un modo di non volere, di volere di meno, e di riconoscere i bisogni dell'altro. Con l'astinenza da certi cibi, non puniamo noi stessi, ma ci rendiamo semmai capaci di riconoscere il valore adeguato di ciascun alimento. Inoltre, il digiuno implica vigilanza. Nel prestare attenzione a quello che facciamo, al cibo che assumiamo e alla quantità di quanto possediamo, noi apprezziamo meglio la realtà della sofferenza e il valore della condivisione.

La crisi morale generata dalla nostra ingiustizia economica mondiale è profondamente spirituale e segnala che qualcosa non va nella nostra relazione con Dio, gli uomini e il mondo materiale. Le società dei consumi contemporanee ignorano troppo spesso l'ingiustizia creata dal commercio globale e dalla finanza. La moderazione e l'astinenza che il digiuno ci insegna ci sensibilizzano e ci spingono ad avere compassione dei poveri, invitandoci a condividere i beni materiali.

Il digiuno è perciò un'alternativa critica al nostro modo di vivere consumistico, alla società della cupidigia, che ci rende incapaci di cogliere l'impatto e l'effetto delle nostre abitudini e delle nostre azioni. Il mondo spirituale, caratterizzato dalla preghiera e dal digiuno, non è disconnesso dal mondo "reale": il mondo "reale" è informato dal mondo spirituale. E allora non siamo più estranei all'ingiustizia del nostro mondo. La nostra prospettiva s'allarga, i nostri interessi si accrescono, le nostre azioni acquistano una portata considerevole. Cessiamo di limitare la nostra vita ai nostri piccoli interessi e accettiamo la nostra vocazione a trasformare il mondo intero.

Il digiuno non nega il mondo, ma afferma l'intera creazione. Ricorda la fame degli altri in uno sforzo simbolico per identificarsi, o quanto meno ricordarsi della sofferenza del mondo, così da languire per la sua guarigione. Attraverso il digiuno, l'atto di mangiare diventa il mistero del condividere, il ricordo che «non è bene che l'uomo sia solo su questa terra» (Gn 2,18) e che «non di solo pane vivrà l'uomo» (Mt 4,4). Digiunare significa allora digiunare con e per gli altri. In fin dei conti, lo scopo di questo digiuno è di promuovere e di celebrare il senso dell'equità in ciò che abbiamo ricevuto. Come per ogni altra disciplina ascetica nella vita spirituale, non si può mai digiunare da soli nella Chiesa ortodossa. Noi digiuniamo sempre insieme, e digiuniamo in momenti prestabiliti. Il digiuno ci rammenta in modo solenne che tutto ciò che facciamo è inseparabile dal benessere o dalle ferite degli altri.

Così, attraverso il digiuno, noi riconosciamo che «la terra è del Signore» (Sal 24,1) e che non ci appartiene affinché la possiamo sfruttare, consumare o controllare. Essa dev'essere sempre condivisa, in comunione con gli altri, e restituita a Dio con azione di grazie. Digiunare è imparare a donare, e non soltanto a rinunciare. È imparare a rientrare in contatto e non a separarsi. È far cadere le barriere dell'ignoranza e dell'indifferenza nei confronti del prossimo e del mondo. È restaurare la visione originale del mondo, così come Dio l'ha voluto, e discernere la bellezza del mondo, come Dio l'ha creato. È offrire un senso vero di liberazione dalla cupidigia e dalla violenza. Il digiuno corregge in modo efficace la nostra cultura basata sul desiderio egoista e lo spreco incurante.

## L'AMBIENTE È LA CASA DEGLI UOMINI

La questione dell'inquinamento dell'ambiente e del suo degrado non può essere separata da una prospettiva spirituale. L'inquinamento dell'aria e delle acque è una conseguenza della perdita di coscienza della sacralità del mondo, cosa di cui erano coscienti anche gli antichi.

Nell'antichità, come riferisce Erodoto riguardo alle mitologie, gli uomini credevano che nell'acqua degli esseri viventi avessero la loro dimora. Ciò li conduceva a considerare sacre le acque e impediva loro di inquinarle. Oggi, purtroppo, questa non è più una convinzione dell'umanità che, per via della sovrapproduzione e dell'eccesso di consumi, non esita a sversare sostanze tossiche o rifiuti nelle acque dei mari o dei fiumi. Il nostro consumo smodato di risorse naturali, come i carburanti, l'acqua e le foreste è una minaccia per il clima del nostro pianeta e gli scienziati sono molto allarmati per gli effetti drammatici che il riscaldamento climatico produrrà sulla Terra negli anni a venire. Sono questi gli esiti disastrosi dell'industrializzazione e del consumo eccessivo. Per ritrovare un equilibrio nel nostro pianeta, abbiamo bisogno di una spiritualità che coltivi l'umiltà e il rispetto e che sia cosciente degli effetti delle nostre azioni sul creato.

L'ambiente è la casa che circonda la specie umana; costituisce l'habitat umano. Per questa ragione, l'ambiente non può essere apprezzato o valutato da solo, senza metterlo in relazione con l'uomo, la cui vocazione è di essere l'economo e il sacerdote della creazione. La preoccupazione per l'ambiente implica in effetti il preoccuparsi di problemi umani quali la povertà, la sete e la fame. Il nostro atteggiamento e il nostro comportamento rispetto alla creazione ha un impatto diretto e si riflette nella condotta che assumiamo verso gli altri. L'ecologia è formalmente legata (tanto per la sua etimologia quanto per il suo senso) all'economia. La nostra economia globale va semplicemente oltre la capacità del nostro pianeta di sostenerla. Non solo la nostra capacità di vivere in maniera sostanziale, ma anche la nostra stessa sopravvivenza sono minacciate.

Gli scienziati reputano che i più toccati dal riscaldamento climatico nei prossimi anni saranno i più deboli. Per questo la questione ecologica dell'inquinamento è direttamente legata al problema sociale della povertà. Ogni attività ecologica in fin dei conti è misurata e passata al vaglio dei suoi effetti sui poveri. La nostra preoccupazione per le questioni ecologiche è dunque direttamente legata a questioni di giustizia sociale, e più in particolare a quella della fame nel mondo. Una Chiesa che trascura di pregare per l'ambiente è una Chiesa che rifiuta di offrire da bere e da mangiare a un'umanità sofferente. Allo stesso modo, una società che ignora il suo mandato di prendersi cura di tutti gli uomini è una società che maltratta la creazione di Dio, ivi compreso l'ambiente naturale, ciò che equivale a una bestemmia.

È un fatto che nessun sistema economico tecnologicamente o socialmente avanzato può sopravvivere al crollo del sistema ambientale che lo sostiene. Questo pianeta è veramente la nostra casa, ma è anche la casa di tutti, essendo la casa di ogni creatura animale e di ogni forma di vita creata da Dio. È un segno di arroganza pretendere che solo noi, gli uomini, abitiamo il mondo.

È altrettanto arrogante immaginare che solo la nostra generazione abita questa Terra.

La povertà, che è il più importante fra i problemi etici, sociali e politici, è direttamente e profondamente legata alla crisi ecologica. Un contadino povero dell'Asia, dell'Africa ma anche dell'America del Nord dovrà far fronte quotidianamente alla realtà della povertà. Per questi contadini, un cattivo uso della tecnologia o lo sradicamento delle foreste non sono solo pericolosi per l'ambiente o distruttivi per la natura: riguardano direttamente e profondamente la stessa sopravvivenza delle loro famiglie. I termini "ecologia", "deforestazione" o "sovrapesca" sono totalmente assenti dalle loro conversazioni quotidiane o dalle loro preoccupazioni. Il mondo "sviluppato" non può esigere dal povero in via di "sviluppo" di comprendere intellettualmente la protezione dei rari paradisi terrestri in cui si trova ad abitare, soprattutto se si considera il fatto che meno del 10 per cento della popolazione terrestre si accaparra più del 90 per cento delle risorse naturali consumate. Tuttavia, con un'educazione appropriata, il mondo in via di "sviluppo" potrebbe essere disposto più del mondo "sviluppato" a collaborare alla protezione della creazione.

Siamo purtroppo intrappolati in circoli tirannici creati dalla necessità di aumentare costantemente la produttività e l'offerta di beni di consumo. Ci serve un cambiamento radicale, tanto in politica quanto in economia, che sottolinei il valore unico e fondamentale della persona umana, dando anche un volto umano ai concetti di impiego e di produttività. È perciò urgente, ed è nostro dovere, coltivare nella nostra società una cultura della solidarietà.

Per concludere, vorremmo sottolineare che la nostra epoca ha di fronte a sé una sfida unica. Mai nel passato, durante la lunga storia del nostro pianeta, gli uomini sono stati "sviluppati" al punto da poter rendere possibile la distruzione del loro stesso ambiente e della loro specie. Mai prima d'ora, nella lunga storia di questa Terra, gli ecosistemi hanno dovuto misurarsi con danni quasi irreversibili di tale ampiezza. Perciò è nostra responsabilità rispondere a questa sfida in maniera univoca, per adempiere al nostro dovere verso le generazioni future.

La crisi con cui il nostro mondo deve misurarsi non si riduce a una crisi ambientale. È innanzitutto una crisi spirituale, perché investe il nostro modo di considerare o di immaginare il mondo. Separandosi da Dio, l'umanità si allontana anche dal suo prossimo e dal suo ambiente, e di fatto l'individualismo e l'utilitarismo ci portano ad abusare della creazione sacra e ci conducono all'*impasse* ecologico contemporaneo. Avendo perduto di vista la relazione che esiste tra il Creatore e la sua creazione, l'umanità ha cessato di essere il sacerdote e l'economo del creato e si è trasformata in un tiranno che abusa della natura. Così l'uomo tratta il pianeta in modo inumano ed empio proprio perché non lo considera più un dono ricevuto dall'alto, un dono ricevuto da Dio. Per questo, prima di poter trattare in modo efficace i problemi del nostro ambiente, dobbiamo cambiare la nostra visione del mondo. Altrimenti, non faremmo che curare i sintomi ma non le cause. La questione dell'ambiente, pertanto, è indissociabile dalla questione religiosa.

Questa sera abbiamo provato a dimostrare che è indispensabile adottare una visione sacramentale del mondo, coltivare uno spirito eucaristico, un *ethos* ascetico e una cultura di solidarietà, e tenere sempre a mente che tutto ciò che fa parte del mondo naturale, grande o piccolo che sia, ha importanza dentro l'universo e per la vita del mondo. Abbiamo una responsabilità, davanti a Dio, verso ogni creatura vivente e verso l'insieme della creazione naturale, che dobbiamo trattare con il dovuto amore e con la massima cura. È solo così che noi assicureremo alle generazioni future un ambiente sano e propizio alla felicità. Diversamente, l'insaziabile avidità della nostra generazione costituirà un peccato mortale da cui non verrà altro che distruzione e morte.

Lo abbiamo ribadito congiuntamente con papa Benedetto XVI, durante la sua visita ufficiale al Patriarcato ecumenico nel 2006: «Davanti ai grandi pericoli per l'ambiente naturale, vogliamo esprimere la nostra preoccupazione per le conseguenze negative che possono derivare per l'umanità e per tutta la creazione da un progresso economico e tecnologico che non riconosce i propri limiti. Come capi religiosi, consideriamo come uno dei nostri doveri incoraggiare e sostenere gli sforzi compiuti per proteggere la creazione di Dio e per lasciare alle generazioni future una terra sulla quale potranno vivere».

In questa prospettiva, un'alleanza tra l'ecologia contemporanea, intesa come ricerca scientifica per la protezione e la sopravvivenza dell'ambiente naturale, e la teologia, in quanto riflessione metafisica su soggetti religiosi, è necessaria per identificare la profondità delle questioni cruciali del nostro tempo. Per questo vi invitiamo tutti, voi che siete già sensibili a tali questioni, a promuovere l'idea della necessità di una soluzione interdisciplinare e sinergica alle sfide cui il nostro pianeta oggi deve far fronte.

Grazie per la vostra attenzione!

* Traduzione dal francese di Giampiero Sandionigi

# Appendice

## Carità, bellezza originaria dell'uomo

*Il 20 marzo 2013, in occasione del saluto alle Delegazioni Fraterne delle altre Chiese cristiane e di altre religioni, papa Francesco incontra Bartolomeo I. È un incontro storico perché dopo 1000 anni un Patriarca di Costantinopoli partecipa alla Messa di inaugurazione del Pontificato di un Papa. Bartolomeo, in questa occasione, tocca i temi della giustizia e del creato, che è lo «spazio» ineludibile nel quale l'uomo realizza la sua incorporazione a Cristo in vista della vita eterna.*

Avete sperimentato in qualità di pastore sicuramente come pochi altri l'amarezza della sofferenza e della miseria umana. Quelli che hanno di più devono essere stimolati ad offrire del proprio in modo spontaneo e con gioia a quelli che non hanno. In questo modo per mezzo della giustizia verrà assicurata la pace che è la richiesta di tutti gli uomini e l'ardente attesa di tutte le genti e di tutti i popoli.

Abbiamo il dovere di nutrire gli affamati, di vestire gli ignudi, di curare i malati e più in generale di preoccuparci di quelli che si trovano nel bisogno, per essere degni di udire dal Signore: «Venite, benedetti dal Padre mio. Ricevete in eredità il Regno preparato per voi».

La scelta della semplicità da parte della vostra amata e onorata Santità ha reso e rende evidente il criterio che vi guida nella scelta dell'essenziale. Ciò riempie di speranza i cuori di tutti i vostri fedeli sparsi per il mondo e in generale di tutti gli uomini. Di speranza, diciamo, perché questo criterio che guida le vostre scelte troverà una più ampia accoglienza, in modo che la giustizia e la misericordia che rappresentano le esigenze più essenziali della legge abbiano per la Chiesa l'importanza primaria che meritano.

Nel corso della storia bimillenaria della vita della Chiesa di Cristo alcune verità del Santo Vangelo sono state distorte e travisate da parte di alcuni gruppi cristiani, con il risultato che oggi in ampi strati delle popolazioni cristiane prevalgono purtroppo concezioni mondane. È assai grave e urgente il dovere e l'obbligo da parte di tutti noi di ricordare a noi stessi, gli uni agli altri e a tutti, che Dio è disceso dal cielo sulla terra, si è fatto uomo in Gesù Cristo, affinché vivessimo come cittadini la cui patria è nei cieli.

Sì, veramente il Signore è Dio e si è manifestato a noi. Lui che dal principio è il Creatore dell'universo e governa ogni cosa, si è abbassato fino alla morte e alla morte di croce, per mostrare attraverso la sua Resurrezione che è benedetto colui che viene nel nome del Signore e solo nel suo nome, a servizio dell'intero corpo, affinché tutti siamo una cosa sola. E Cristo sia tutto in tutti.

La Terra è lo spazio in cui esercitiamo la nostra ascesi e realizziamo la nostra incorporazione a Cristo e per mezzo di lui passiamo alla vita eterna. La Chiesa benedice la vita terrena ma non pone in essa il termine della sua missione. Noi lo sappiamo e lo confessiamo. E per questo noi, pastori e fedeli, percorriamo la via della verità, lavorando in vista delle realtà celesti attraverso quelle terrene. Siamo certi personalmente e come Patriarcato ecumenico e anche come Chiesa ortodossa di Cristo diffusa su tutta la terra, che la vostra Santità venerabile e amatissima nel Signore, che ora intraprende con i migliori auspici la corsa del suo ministero storico come vescovo di Roma, mostrerà un interesse particolare, in collaborazione con tutti gli uomini che hanno la capacità e la volontà di farlo, nel correggere le tendenze mondane in modo che l'uomo possa ritornare alla sua bellezza originaria, quella della carità.

Preghiamo con tutto il cuore insieme a tutti i fedeli cristiani sparsi nel mondo e con noi prega tutta l'umanità affinché la vostra Santità realizzi con successo il suo alto, grave e difficile compito.

Benedetto e glorificato sia il nostro Signore Gesù Cristo. Gloria a Dio che in ogni tempo sceglie coloro che sono degni, affinché camminino in modo degno della sua chiamata e guidino l'umanità a gloria del Padre, del Figlio e dello Spirito Santo. Amen.

# SOMMARIO

*Come archi che, pietra su pietra, scavalcano fiumi e distanze, così i volumetti di questa collana offrono brevi letture di temi d'attualità, spunti di riflessione e contributi di spiritualità nel tentativo di colmare divisioni che spesso si credono insuperabili, unendo rive solo apparentemente opposte e aprendo porte su realtà da riscoprire.*

I volumi della collana

1. Pierbattista Pizzaballa - Michael A. Perry
*Il coraggio della pace*, 2014.

2. Alessandro Coniglio - Frédéric Manns
*Terra Santa sacramento della fede*, 2015.

3. Bartolomeo I
*Lo spirito della Terra,* 2015.

4. Maria Chiara Riva
*Il canto della fede semplice,* 2015.